Massimo Wolke

Beer & Boobs Mandalas

Massimo Wolke

Beer & Boobs Mandalas

Bibliografische Information der Deutschen Nationalbibliothek:
Die Deutsche Nationalbibliothek verzeichnet diese Publikation
in der Deutschen Nationalbibliografie; detaillierte bibliografische
Daten sind im Internet über http://dnb.dnb.de abrufbar.

© 2015 Massimo Wolke
Herstellung und Verlag:
BoD – Books on Demand, Norderstedt

ISBN: 978-3-7392-0459-8

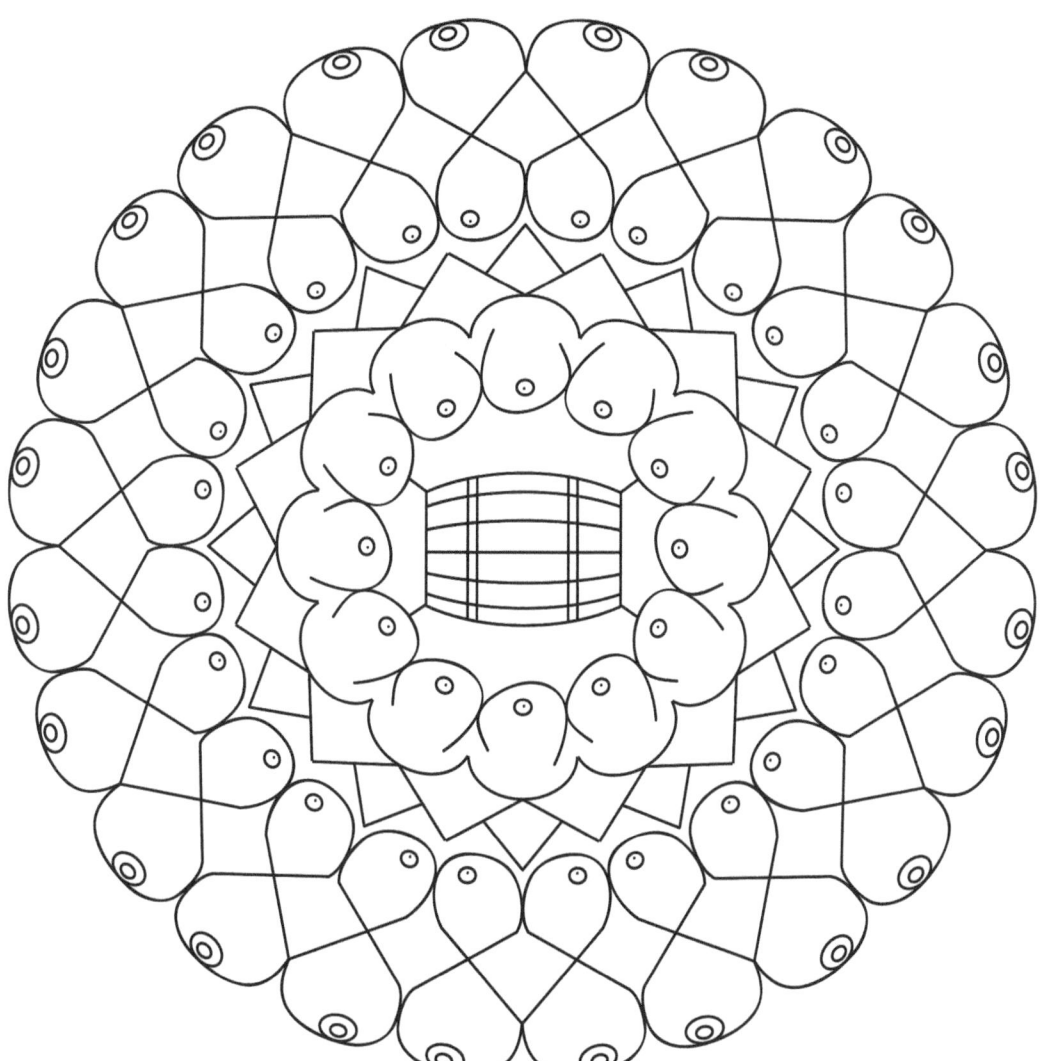

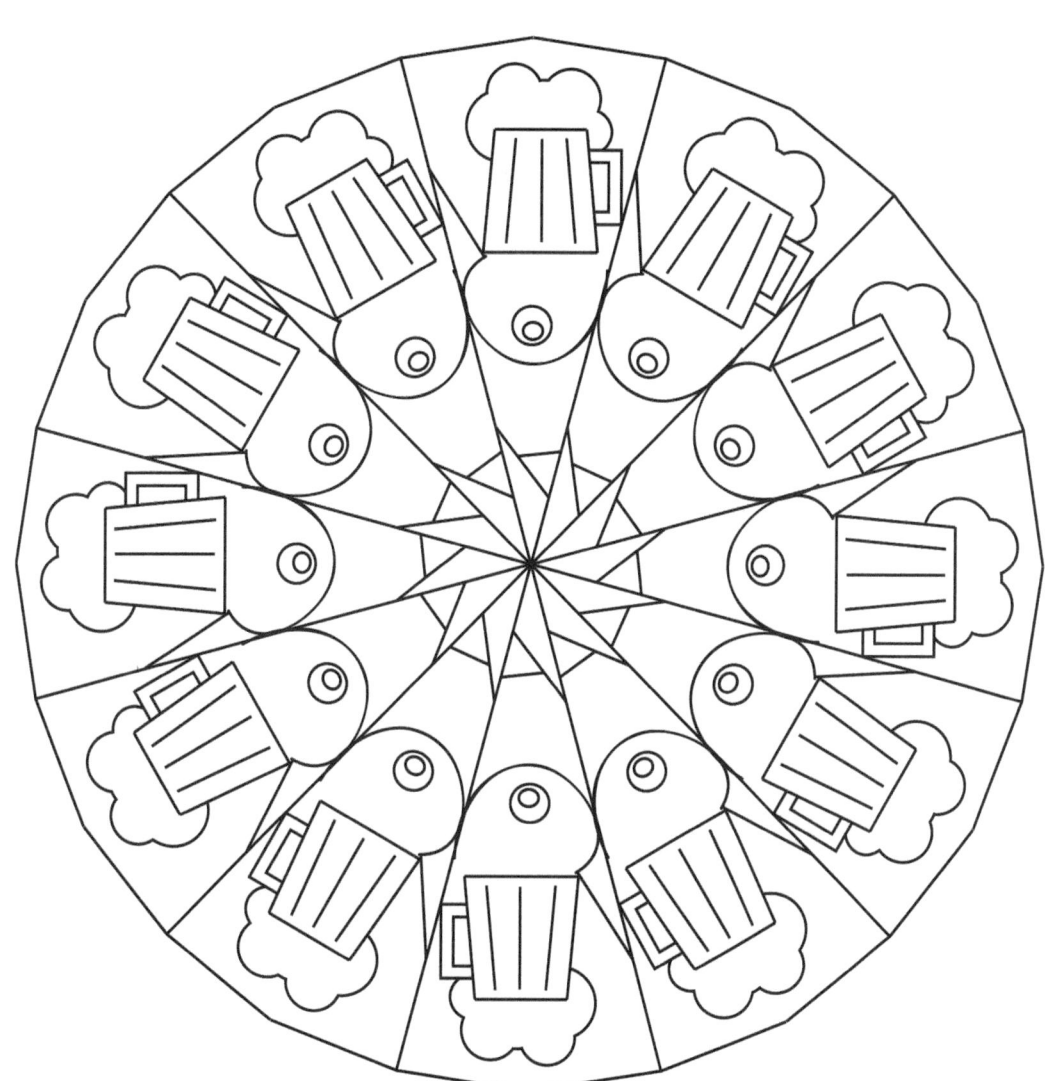